Lk 1608.

SUR QUELQUES ASSERTIONS DE M. FAILLY,

DANS SA

NOTICE

SUR L'IMAGE MIRACULEUSE

DE NOTRE-DAME-DE-GRACE

DE LA CATHEDRALE DE CAMBRAI :

PAR

A. DE BARALLE,

Architecte, membre de la Commission historique du Nord.

CAMBRAI,
Imp. de P. LEVEQUE, Place-au-Bois, 14.

1845.

Cambrai, le 20 Janvier 1845

A Monsieur le Président
de la Commission historique du Nord.

MONSIEUR LE PRÉSIDENT,

Je viens de lire la Notice intéressante que M. Failly a publiée sous les auspices de la Commission historique, ayant pour titre :
« *Essai archéologique sur l'image miraculeuse de*
» *Notre-Dame-de-Grâce de la cathédrale de Cambrai,*
» *et sur la possibilité que saint Luc en soit l'auteur.* »

Dans cette Notice, M. Failly me paraît avoir avancé quelques propositions que je crois devoir réfuter dans l'intérêt du moyen-âge et de l'archéologie du pays. En effet, on y lit la note suivante, mise au bas de la page 17 :

« Il entrait dans le système des architectures romane ou gothique, de ne placer que de très petits ornemens sur les grands monumens de ces deux époques. Les peintres d'alors comprenaient sans doute aussi que leurs ouvrages ne pouvaient être, dans ces immenses édifices, qu'une simple récréation pour les yeux ; et que des tableaux de petites dimensions ne pouvaient intéresser que faiblement en présence des grandioses proportions de l'architecture. »

Je réponds que les élémens caractéristiques de nos églises gothiques existaient dans leurs vitraux, véritables tableaux diaphanes qui formaient une partie essentielle de l'architecture même, en présentant, pour ainsi dire, un caractère architectural, puisqu'avant tout, les peintures avaient pour objet de concourir au complément des églises qu'elles ornaient.

Les peintures ainsi comprises, étaient la véritable polychronie de nos cathédrales dont elles étaient aussi les véritables chefs-d'œuvre de raison et de sagesse, d'unité et de grandeur, en offrant dans leurs dimensions colossales comme dans leurs plus minutieux détails un ensemble concordant et une exécution dont les résultats avaient quelque chose de merveilleux, où tout paraissait être d'une création unique et spontanée.

Ce sont ces qualités qui distinguent tous les monumens gothiques que l'on admire chez presque toutes les nations de l'Europe, et surtout en France, en Angleterre et en Allemagne [1].

Ainsi les verrières de nos cathédrales, les peintures murales qui se voient encore dans quelques-unes, à nuances vives et variées, à tons clairs et foncés, où le brillant de l'or est distribué, réuni, opposé avec un discernement rare, établissent d'une manière irréfragable que les artistes du moyen-âge étaient supérieurs à plus d'un titre [2], et que M. Failly s'est trompé grandement en avançant son paradoxe.

M. Failly dit encore :

« Il faut observer ici que les peintres ont successivement proportionné la grandeur de leurs ouvrages aux progrès qu'ils faisaient dans l'entente de la perspective. Elle n'en avait fait que de très

---

[1] L'art du moyen-âge savait comment harmoniser ses créations, subordonner, ramener le détail au principe régulateur d'unité, tout en tenant compte des convenances locales. *Notice archéologique de la cathédrale de Cologne par le baron Ferdinand de Roisin.*

[2] Voyez la belle publication des vitraux de la cathédrale de Bourges, par *MM. Arthur Martin* et *Charles Cahier,* les vitraux de l'abbaye de Saint-Denis, du chœur de la cathédrale de Lyon, ceux qui se voient à Angers, au Mans et dans d'autres cathédrales de France qui datent du XIIe siècle.

limités pendant les six siècles qui ont précédé le XVIe siècle [1]. »

Cela n'est ni juste, ni digne du savoir de M. Failly, à qui je me permettrai de faire ces simples questions :

Est-il à présumer que les artistes du moyen-âge qui ont composé et exécuté ces beaux vitraux, ces belles peintures murales de toutes nos cathédrales, de nos abbatiales, des saintes chapelles de France et des églises de la Belgique et de l'Allemagne qui sont si riches de ces belles verrières que tout le monde connaît, n'aient pas fait faire de progrès dans la science de la perspective ? Qu'ils

---

[1] **M. Failly** dit que la peinture murale se développa à partir du XVIe siècle. C'est là une erreur à rectifier ; car les églises Romano-byzantines étaient souvent couvertes de peintures murales dont les voûtes des sanctuaires et des absides, ainsi que le narthex, étaient peints de motifs empruntés à l'ancien et au nouveau Testament.

Dès le XIIe siècle, on s'appliqua à orner les églises de ces peintures qui représentaient les divers traits de l'Histoire Sainte et même les dogmes de la religion, de sorte qu'elles étaient un livre sans cesse ouvert au peuple, qui pouvait y lire et étudier la religion tout entière, à une époque où l'instruction lui était assez étrangère.

Le synode d'Arras, tenu en 1025, disait encore que les peintures des temples étaient la lecture des *illitérés*.

Le peintre Madalulphe, chanoine de Cambrai, acquit une très grande réputation par les peintures qu'il exécuta sur les murs et plafonds des églises, des réfectoires et même des dortoirs de plusieurs abbayes. — Histoire de la peinture, Emeric-David, page 70.

L'usage de peindre, non-seulement les églises ; mais encore les dortoirs et les réfectoires, s'était si bien établi dans les monastères de la France, que si, par l'esprit d'humilité, quelque abbé rejetait ce genre d'ornemens, les auteurs des chroniques croyaient devoir faire mention de ce sacrifice.

pouvaient ignorer les règles d'une partie des plus essentielles de leur art, lorsqu'il est constaté qu'ils excellèrent en peinture, en sculpture et en architecture ?

Sans vouloir me perdre dans de longues discussions et sans accumuler une quantité de faits, je rappellerai que plusieurs peintres ont écrit de savans traités de perspective avant le XVIe siècle [1].

A défaut de ces preuves, ne pourrait-on pas tirer encore cette induction logique ? Que si la grande période chrétienne du moyen-âge a été remarquable par la science de la stéréotomie, ou l'art de la coupe des pierres [2], les artistes de cette époque n'ont pu ignorer la perspective, science également basée, comme la stéréotomie, sur la géométrie descriptive.

La perspective a toujours dû accompagner les beaux-arts ; et si le moyen-âge ne nous a pas laissé de *traités écrits* sur cette science, ses belles verrières nous attestent du moins que ses artistes avaient étudié la perspective, par les proportions convenables qu'ils savaient leur donner pour les mettre en rapport avec les parties des édifices que ces vitraux ornaient. La science de la perspective

---

[1] Paolo surnommé L'Ucello.
Masaccio,
Pietro Della Francisca,
[2] Frézier, La théorie et la pratique de la coupe des pierres, édition de 1754.

était d'ailleurs connue bien avant le moyen-âge, puisque les anciens la pratiquaient déjà [1].

Est-il probable, en présence des connaissances que nous révèlent les œuvres du moyen-âge, que ses artistes qui se réunissaient, comme on sait, en corporations pour toutes les bâtisses qu'ils étaient chargés d'ériger, aient pu ignorer les lois de la perspective, science essentiellement fondée sur les mathématiques [2] qu'ils possédaient déjà à un si haut degré au XIIIe siècle, ainsi que le constatent les monumens de cette époque?

Ne peut-on pas admettre aussi que les peintres des églises gothiques se servaient de manuscrits analogues à ceux que possèdent encore aujourd'hui les peintres du Mont-Athos, chez qui existe également cet esprit d'association et de *commune* du moyen-âge [3].

Cette révélation qui est dûe à M. Didron, de la Bibliothèque royale, secrétaire du Comité historique des arts et monumens, ne vient-elle pas à

---

[1] Vitruve, préface du livre VII, assure positivement qu'Eschyle, qui vivait 500 ans avant l'ère vulgaire, apprit à Agatharcus à mettre en perspective la décoration de ses tragédies.
Des découvertes faites à Herculanum et à Pompei, prouvent d'une manière irréfragable que les anciens ont connu la perspective. *Moniteur des arts*, page 16.

[2] Daniel Ramée, histoire de l'architecture, 2e volume, page 267.

[3] M. Didron, dans son voyage archéologique dans la Grèce chrétienne, en juillet 1839, a acheté la copie d'un manuscrit semblable donné comme très ancien par les moines du Mont-Athos, qui le croyaient du XIe siècle.

l'appui de mes conjectures? Ce qui se passe au Mont-Athos n'a-t-il pas pu se passer en France et dans toute l'Europe chrétienne au moyen-âge?

C'est ainsi qu'il me semble qu'on peut expliquer l'absence de tout traité de perspective avant le XVe siècle. Les guides de la peinture auront disparu en même temps que les associations du moyen-âge; car, si avant cette époque les élémens de géométrie et d'optique d'Euclide [1] furent les premiers documens qui servirent à trouver, ou peut-être à retrouver les principes de la perspective [2]; il ne me paraît pas probable que cette science ait été oubliée à aucune époque. Je pense qu'elle subsista toujours, et que si elle fût moins répandue, c'est sans doute à cause qu'elle fût concentrée d'abord par la *scholastique*, puis parmi les confréries du moyen-âge qui se distinguèrent par le progrès et la réunion de tous les arts.

Je parlerai maintenant de la Vierge de la cathédrale de Cambrai, que M. Failly croit devoir attribuer à l'un des disciples d'Antonello de Messine.

Si on ne peut admettre que la Vierge, dite *Notre-Dame-de-Grâce*, ait été peinte par saint Luc [3], il ne

---

[1] Les élémens de géométrie et d'optique d'Euclide étaient connus au XIe siècle. *Grimm*, sur les antiquités allemandes, 1828, page 207.

[2] Daniel Ramée, histoire de l'architecture, tome 2, page 263.

[3] Suivant les traditions, il existerait sept portraits de la Vierge peints par Saint-Luc: l'un serait à Sainte-Marie-Majeure, à Rome; l'autre à Notre-Dame-de-Lorette; un troisième à Notre-Dame-de-la-Garde, à Bologne; un quatrième, à Naples; un cinquième, en Pologne; un sixième, à Notre-Dame-de-la-Garde, en Sicile; enfin, le septième,

paraît pas non plus vraisemblable que l'un des disciples d'Antonello, comme le présume M. Failly, soit l'auteur de l'image de la patronne du diocèse de Cambrai. En effet, Antonello de Messine est né en 1447 [1]; or, c'est en 1440 que le chanoine Furcy de Bruile rapporta notre Vierge de Rome.

Ce fait constaté, il reste à trouver la date présumée de notre Madone. C'est ce que je vais chercher à établir par induction des données suivantes, que j'ai puisées dans l'iconographie chrétienne [2].

à Notre-Dame-du-Salut, à Dijon.—*Lami* et *Lanzi*, t. 1, pages 249 et 350. — On trouve des gravures de ces portraits dans les histoires des églises auxquelles ils appartiennent.—*Casim. Romano, mem. ist. della chiesa di S. Maria in ara cœli*, pages 130, 131.

Nicéphore a écrit que saint Luc avait peint la Vierge, que le tableau se voyait dans le principe à Antioche, et que l'impératrice Eudoxie l'envoya à Constantinople, à sa sœur Pulchérie. Quelques auteurs ont prétendu qu'au XIIIe siècle, le doge H. Dandolo le fit porter à Venise. D'autres ont dit qu'à la prise de Constantinople, au XVe siècle, les Turcs l'ont traîné dans les rues et mis en pièces.—*Batissier, archéologie nationale*, page 330.

La sainte Mère de Dieu encouragea et bénit l'apôtre et évangéliste saint Luc à cause de l'art de la peinture qu'il cultivait, en lui disant : « La grâce de celui que j'ai enfanté s'est répandue sur eux à cause de moi. » Ce n'est pas seulement saint Luc qui est béni, mais tous ceux qui représentent et travaillent à montrer les miracles, les portraits sacrés du Seigneur, de la Mère de Dieu et des autres saints; car cet art de la peinture est agréable à Dieu et bien vu de lui. — *Manuel d'iconographie chrétienne, traduit du manuscrit byzantin, le Guide de la peinture, par le docteur Paul Durand, correspondant du comité historique des arts et monumens*, page 15.

Il y a des images et des statues de la Vierge qui sont *acheiropoietes*. *Manuel d'iconographie chrétienne*, page 15, note de M. Didron.

[1] *Biographie portative universelle*, 1844.
[2] M. Didron, *Annales archéologiques*, tome 2, pages 215, 216 et 217.

Ce n'est que dans la première période du christianisme, avant le Concile d'Ephèse [1] et encore longtemps après, jusqu'au VIIe siècle, que les groupes de la Vierge ont été représentés historiques avec saint Joseph et l'adoration des Mages, etc. A partir du VIIe siècle jusqu'à la fin du XIIe, le groupe de la Vierge fut idéal ou symbolique. On le représentait entouré des dons du saint Esprit. A la fin du XIIe siècle, au commencement du XIIIe, la Vierge tient l'enfant Jésus devant elle ; il tient un globe, le monde, à la main gauche et bénit de la main droite. L'enfant est en outre *complètement habillé*, comme l'indique la Vierge invoquée sous le nom de la *Madone de la Lettre*, qui date de 1230, qui se voit dans la cathédrale de Messine, et dont a parlé M. Failly; et comme aussi celle que représente l'un des vitraux de la cathédrale de Chartres, qui date des premières années du XIIIe siècle.

On trouve encore, dans le courant du XIIIe siècle, la Vierge tenant son enfant entre ses genoux, dans son giron. On la voit aussi assise tenant déjà l'enfant sur son genou et sur un bras et contre sa poitrine. Jésus est toujours habillé.

---

[1] Dès les premiers siècles du christianisme, il existait déjà un modèle de la figure de la Vierge, adopté par les fidèles ; ce qui détruit les allégations des auteurs protestans, qui, tels que *Basnage*, soutiennent qu'on n'a représenté la Vierge qu'après le Concile d'Ephèse. Ce fut, en effet, pour combattre l'hérésie des nestoriens, que ce Concile décida que l'on offrirait à la vénération des fidèles l'image de la mère de Dieu, avec l'enfant Jésus sur ses genoux. — *Batissier, archéologie nationale, page* 331.

A la fin du XIIIe siècle, au commencement du XIVe, l'enfant est *tout nu*, il n'y a plus de symbolisme, le nimbe a disparu, ce ne sont plus que des aigrettes qui en tiennent lieu.

Si, comme je le pense, on doit tirer une conclusion de ce que l'enfant Jésus de notre Vierge n'est pas entièrement nu et qu'il est encore nimbé, il ne serait pas trop conjectural qu'elle ait eu pour auteur le peintre Luc[1] qui vivait en Toscane et qui fut confondu dans des temps postérieurs avec saint Luc l'évangéliste.

Enfin, pour compléter mes observations, je dirai encore que M. Failly me paraît donner un sens contraire à l'opinion de M. Fidèle Delcroix, dans la note mise au bas de la page 13 de sa notice; car notre regrettable collègue, dans la description qu'il a publiée sur la cathédrale de Cambrai, le 18 juin 1841, de concert avec moi, a dit, en forme d'une simple réflexion, en décrivant l'image de Notre-Dame-de-Grâce :

« Les yeux sont beaux, fendus en amandes[2] et pleins de douceur, pareils à ceux de la madone de Cimabué, dans le grand tableau que possède le Louvre; c'est aussi la même pose, ce sont les mêmes accessoires. — L'enfant Jésus est fort laid. »

---

[1] *D. M. Manni, dissert. del vero. Pitt. Luca Santo.*

[2] Les peintres grecs au XIIIe siècle donnaient à leurs figures des yeux très ouverts, hagards, que Vasari, qui en a fait la critique, appelle *occhi spiritati*.

Le lecteur appréciera la valeur de cette digression basée sur l'opinion d'un artiste distingué [1], et jugera si M. Delcroix avait voulu, en s'exprimant comme il l'a fait, assimiler le mérite de la Vierge de Cambrai aux œuvres de Cimabué [2], qui, après tout, vivait dans le XIIIe siècle, époque qu'il ne serait pas non plus invraisemblable de donner pour date à notre Madone.

Certes, on peut assimiler une peinture à une autre peinture, sans pour cela lui donner la même valeur; le sujet peut être le même ou offrir la même composition, sans avoir les mêmes qualités de dessin et de couleur, comme un tableau peut rappeler une école, sans être sur la même ligne de mérite que les œuvres du chef de cette école.

Telles sont, Monsieur le Président, les observations que j'ai cru devoir vous adresser, pour les soumettre à l'examen de la Commission historique, tout en déclarant, comme je l'ai dit en commençant ma lettre, que je n'ai eu en vue,

---

[1] M. Delcroix m'a dit, à l'époque de la publication de la Notice sur la cathédrale actuelle de Cambrai, qu'il s'était appuyé de l'opinion de M. Berger, directeur de notre école communale de dessin, qui trouvait une assimilation dans *le faire* de certaines parties de la Vierge de Cambrai, avec celui qu'offre la plupart des ouvrages de *Cimabué*, dont la manière, pleine de sécheresse, rappelle les peintres grecs qui l'instruisirent dans son art.

[2] Cimabué (Gualtieri. J.), peintre, architecte, est né à Florence en 1240 et mort en 1310. Il est regardé comme le restaurateur de la peinture en Italie. Un de ses titres de gloire est d'avoir découvert la vocation de Giotto.

en réfutant certaines opinions consignées dans la Notice de M. Failly, que de réhabiliter le moyen-âge et d'éclaircir, s'il est possible, un point qui se lie à l'archéologie du pays.

Je suis avec respect,

Monsieur le Président,

Votre très humble et très obéissant serviteur.

A. DE BARALLE.

LETTRE

DE

MONSIEUR LE PRÉSIDENT DE LA COMMISSION HISTORIQUE DU NORD,

A M. A. DE BARALLE,

ARCHITECTE A CAMBRAI.

Lille, 16 Février 1845.

MONSIEUR,

J'ai mis sous les yeux de la Commission historique, dans sa Séance d'hier, les Notes que vous m'avez adressées en réponse à quelques assertions de M. Failly, dans son travail sur la Madone de Cambrai. La Commission a voté l'impression de ces Notes, & m'a chargé de vous offrir ses remercîmens.

. . . .

. . . .

Agréez, Monsieur, la nouvelle assurance de mes sentimens distingués & de sincère attachement.

A. DE CONTENCIN.

www.ingramcontent.com/pod-product-compliance
Lightning Source LLC
Chambersburg PA
CBHW061616040426
42450CB00010B/2517